CW00392609

Presentado a:

Por:

Fecha:

Los niveles de crecimiento espiritual

Guillermo Maldonado

ERJ Publicaciones
www.elreyjesus.org

Nuestra Visión

Alimentar espiritualmente al pueblo de Dios por medio de las enseñanzas, libros y prédicas; así como, expandir la palabra de Dios a todos los confines de la tierra. .

La Madurez Espiritual

ISBN: 1-59272-012-9

Tercera edición 2006

Portada diseñada por:
ERJ Publicaciones

Categoría: Madurez espiritual

Publicado por:
ERJ Publicaciones

13651 SW 143 Ct., Suite 101, Miami, FL 33186 Tel: (305) 233-3325
Fax: (305) 675-5770

Impreso por:
ERJ Publicaciones
Impreso en Colombia

«Hay un proceso que
cada creyente tiene
que pasar,
y si trata de saltarlo o
brincarlo, Dios lo va
a devolver
al principio».

Índice

Dedicatoria

Dedico este libro a mi familia, a mi esposa Ana, a mis hijos Ronald y Bryan, quienes son los que me inspiran a seguir adelante en el ministerio; además, son el tesoro más grande que Dios me ha dado después de Él.

Agradecimiento

Mi deseo es agradecer a todas y cada una de las personas que me han hecho progresar, que me han inspirado a ser un mejor líder y que dieron todo en oración para que este libro se haya realizado.

A mis intercesoras: Sarahí, Piedad, Diana, Gisela, Clarita, Linda, Nadgee, Anita y el resto de los intercesores de la madrugada, quienes han orado por mí, por el ministerio y para que este libro sea posible.

También, quiero agradecer a todo el equipo de GM Ministries, quienes hicieron posible la impresión de este trabajo.

Introducción

En ocasiones, al caminar con Dios, nos conformamos con la suposición de que ya somos lo que esperábamos ser, cuando realmente todavía estamos lejos de serlo. Pero debemos entender, que en nuestro proceso de crecimiento espiritual, pasamos por diferentes etapas de desarrollo.

He aquí una manera sencilla y clara de entender cuáles son las etapas de desarrollo espiritual, y cómo avanzar hacia nuevos niveles de crecimiento. Con esta lectura, usted podrá no sólo identificar su nivel de madurez, sino también mejorar su relación como **HIJO** de Dios y lograr alcanzar el sueño para el cual Dios lo diseñó.

Capítulo I

La madurez espiritual de un líder

⚜

«¹²Y junto al río,
en la ribera,
a uno y otro lado,
crecerá toda clase de árboles
frutales; sus hojas nunca
caerán ni faltará su fruto.
A su tiempo madurará...»

Ezequiel 47.12

Los líderes efectivos y de impacto son aquellos que tienen una gran pasión y un gran deseo de seguir creciendo. No se conforman en el nivel que están y siempre tienen una meta de crecimiento. Continuamente, buscan fuentes para desarrollarse y madurar. El nivel de madurez y crecimiento que un líder tenga es lo que va a determinar la clase de persona que atraerá hacia su ministerio u organización. Por eso, es importante que nos mantengamos creciendo todo el tiempo. ¿Cuál es la meta final de Dios para nosotros? Su meta final es llevarnos a ser perfectos o maduros. Dios no está tan interesado en su comodidad, Dios está más interesado en su madurez espiritual.

«⁴⁸Sed, pues, vosotros perfectos, como vuestro
Padre que está en los cielos es perfecto».
Mateo 5.48

La palabra **perfecto** es la palabra griega *"telio"* que significa maduro, completo, terminado. El propósito final del Señor es llevarnos a la madurez, a la estatura de su Hijo Jesucristo. La palabra perfecto no significa sin defectos, sino uno que es maduro.

¿Cuáles son las dos formas en que debemos crecer y madurar según Dios?

a. Crecer y madurar en calidad

Cuando hablamos de calidad estamos hablando de desarrollar el carácter de Cristo como individuos. Es tener el fruto del Espíritu desarrollado en nosotros, por ejemplo: el amor, la paz, la benignidad, el gozo, entre otros.

b. Madurar y crecer de una forma integral

Esto significa que el creyente debe aprender y conocer, al menos de forma general, todo lo relacionado al consejo del Señor.

¿Qué es el consejo de Dios?

Es conocer acerca de diferentes tópicos, tales como: liberación, sanidad divina, sanidad interior, oración, profecía, intercesión, guerra espiritual, alabanza y adoración, finanzas, familia, evangelismo, consejería, entre otros. Tal conocimiento nos conduce a un crecimiento integral. No es solamente dar énfasis en un área específica, sino a las diferentes áreas en general. He encontrado muchos ministerios y creyentes que no crecen ni maduran integralmente porque se enfocan en un sólo tópico. Por ejemplo, hay ministerios que hablan y enseñan acerca de la familia solamente. Eso es bueno, pero no es suficiente para crecer integralmente. Otros ministerios solamente le dan énfasis a la oración.

Esto está bien y es bueno, pero tenemos que crecer también en otras áreas.

El énfasis de un ministerio o de una iglesia no debe ser un tema ni un tópico, sino Jesucristo, y Él es todo el consejo de Dios.

c. Crecer y madurar en cantidad

Una de las razones por las cuales Dios no nos puede confiar su herencia, es porque todavía somos niños espiritualmente. Por ejemplo, si usted es un padre de familia, no le daría una pistola a su hijo de cinco años. O si tiene mucho dinero, como padre, usted no se lo daría todo porque su hijo no sabría qué hacer con él. Por lo tanto, tenemos que esperar a que crezca y madure. Dios, nuestro Padre, quiere darnos su herencia, su unción, su autoridad, su poder y sus riquezas, pero si no estamos lo suficientemente maduros para recibirlas, todo eso nos conducirá a nuestra propia destrucción.

«¹Pero también digo: Entre tanto que el heredero es niño, en nada difiere del esclavo, aunque es señor de todo, ²sino que está bajo tutores y administradores hasta el tiempo señalado por el Padre». Gálatas 4.1, 2

Este verso nos muestra que no hay ninguna diferencia entre un esclavo y un hijo heredero, y aunque este hijo es dueño de toda la herencia, todavía es un niño. El padre todavía no puede confiársela. Por eso, es importante tomar la decisión de crecer y madurar para disfrutar de todas las bendiciones de Dios.

¿Cuáles son los pasos que debemos seguir para crecer espiritualmente como líder?

1. Haga un compromiso y tome una decisión seria de crecer en el Señor.

El crecimiento personal es una decisión de calidad, y es personal. No es un proceso automático, sino planificado. Es una decisión que usted mismo tiene que tomar; por lo tanto, Dios no la puede tomar por usted, ni su familia, ni su pastor. Usted mismo es quien decide madurar y crecer espiritualmente. Yo, como pastor, no quisiera una persona a mi lado que no tenga el deseo ni el hambre de crecer espiritual, intelectual y emocionalmente. Durante el proceso de crecimiento espiritual, Dios hace su parte y nosotros debemos hacer la nuestra.

«⁶Yo planté, Apolos regó; pero el crecimiento lo ha dado Dios. ⁷Así que ni el que planta es algo ni el que riega, sino Dios, que da el crecimiento. ⁸Y el que planta y el que riega son una misma cosa, aunque cada uno recibirá su recompensa conforme a su labor. ⁹Porque nosotros somos colaboradores de Dios, y vosotros sois labranza de Dios, edificio de Dios». 1 Corintios 3.6-9

Dios da el crecimiento, pero nuestro trabajo es plantar y regar.

Hay ciertas decisiones que usted tiene que tomar como líder o creyente para llegar a la madurez y al crecimiento espiritual. Éstas son:

- **Decida ser un líder o un creyente maduro.** Uno de los métodos de crecimiento para un líder es la autodisciplina. ¿Tiene hambre de crecer y madurar como un líder? Comience a tomar decisiones de calidad en su vida personal. Comience a disciplinarse en el estudio de la Palabra, en la oración, en la lectura de libros y en asistir a seminarios. Comience a hacer cosas más allá de lo que el resto de las personas hacen. La autodisciplina es importante, empiece con cosas pequeñas; hágalo ahora, no lo deje para mañana. Organice su vida y sus prioridades.

Recuerde lo mencionado anteriormente, que el crecimiento debe ser algo planificado y no automático. Tome decisiones que lo lleven a poner todas sus prioridades en orden. El orden de prioridades debe ser: primero, Dios y su relación con Él, segundo, su familia (dedíquele tiempo de calidad), tercero, la iglesia y su servicio en ella, y cuarto, su trabajo. Tome decisiones basadas en sus prioridades.

- **Decida comenzar a crecer ahora.** Lo que usted decida el día de hoy, es lo que será mañana. Las decisiones presentes determinan nuestra condición futura. Algunas personas tratan de culpar a otros por su fracaso y por su falta de crecimiento, sin embargo, es nuestra responsabilidad tomar la iniciativa de leer, indagar, estudiar, orar y buscar más a Dios para nuestro propio crecimiento. El secreto de su futuro está escondido en su agenda diaria.

- **Decida tener un crecimiento personal.** El crecimiento en el ministerio y en el llamado depende de nuestro crecimiento personal. Nuestra organización nunca va a crecer si nosotros no crecemos primero. Recuerde que nuestro crecimiento personal determinará la clase de líderes que atraeremos a nuestro ministerio. Cuando nosotros crecemos personalmente como líderes, también crece nuestro ministerio y nuestros líderes.

  Si nosotros como pastores somos líderes inmaduros, ésa será la clase de líderes que vamos a atraer a nuestra iglesia. Si somos líderes maduros, íntegros, visionarios, proféticos, llenos de fe y de sabiduría, ésa será la clase de persona y líder que vamos a atraer a nuestro ministerio.

- **Decida tener un espíritu enseñable.** Una persona que tiene un espíritu enseñable es alguien que está abierto a recibir y a aprender de otro. Tiene un corazón moldeable, y un gran deseo de aprender más. No es alguien con una mente cerrada. Tenemos que ser líderes que aprendamos de otros, de la vida, de los tratos de Dios, de los errores y, sobretodo, de nuestros propios errores.

- **Nunca esté satisfecho o conforme con el presente.** Nos hemos encontrado con líderes conformistas, que no aspiran a tener congregaciones mayores, ni negocios muy grandes; simplemente, se conforman con el conocimiento que tienen. Tampoco, les interesa ir a mayores niveles de unción, de madurez y de autoridad. El conformismo con el presente los está matando. Si usted está conforme con el presente, no puede tener un gran futuro. ¿Cuál es la diferencia entre conformismo y contentamiento? **¿Qué es conformismo?** Es cuando una persona no quiere seguir adelante ni hace algo para cambiar la situación presente. **¿Qué es contentamiento?** Es cuando una persona sigue hacia adelante a pesar de la situación adversa en la que está viviendo, y hace todo lo posible para cambiarla.

> *«11No lo digo porque tenga escasez, pues he aprendido a contentarme, cualquiera que sea mi situación». Filipenses 4.11*

Según el nivel de insatisfacción que el líder tenga, será la pasión que tendrá por crecer en el mañana.

Yo nunca estoy satisfecho como pastor, como padre y como hijo, pues yo quiero crecer más, y sé que cada día estoy aprendiendo más hasta llegar a ser maduro como Jesús. En el momento que usted se conforme con el nivel en que se encuentra, en ese instante, deja de crecer; es decir, se detiene el crecimiento de su ministerio, de su familia, de su liderazgo, entre otros. Recuerde que la bendición entra por la cabeza y si usted se encuentra bajo una cobertura que llegó a un tope de crecimiento, nunca podrá crecer más allá de su líder. Si quiere crecer más que él, tendrá que salirse de esa cobertura espiritual.

• **Tenga la mentalidad de un discípulo.** Uno de los significados de la palabra discípulo es: un estudiante; es decir, alguien que está aprendiendo continuamente. Hay personas que dejan de crecer porque no tienen la mentalidad de un aprendiz. Decida estar aprendiendo en todo tiempo. Cuando usted aprenda algo sobre algún tópico específico, medite en ello, compártalo con su familia y con sus amigos. Indague más sobre el tema escuchando casetes y leyendo libros. Aprenda acerca de tópicos de su preferencia y póngalos en práctica.

- **Pague el precio del crecimiento.** Como usted sabe, no existe nada gratis en la vida. Hay un precio que pagar por el crecimiento, como por ejemplo: la soledad, la disciplina, el riesgo, el tiempo, los malos entendidos, entre otros. ¿Estás dispuesto a trabajar mientras otros duermen? ¿Puedes tomar el paso y a arriesgarte a ser criticado? ¿Seguirás hacia a delante mientras otros pierden la visión? ¿Estás dispuesto a sacrificar el tiempo, dejar un poco la televisión, el deporte y dedicarte más a tu crecimiento espiritual?

En el crecimiento, decida estar dispuesto a recibir corrección y disciplina. Si un líder no puede recibir corrección y disciplina cuando se equivoca, no puede madurar ni crecer en el Señor. Me he encontrado con personas que no se someten a la corrección, y terminan yéndose de la iglesia. Eso nos da una indicación que no eran hijos sino bastardos.

Yo tengo una manera de medir: Si corrijo algún líder, obrero o miembro de la iglesia y no recibe la corrección, sino que se va y no regresa, entonces no era un hijo, sino un bastardo. Los hijos son los únicos que reciben corrección y permanecen en la visión y en la organización.

Veamos lo que dice la Palabra acerca de la corrección.

«⁶...porque el Señor al que ama, disciplina, y azota a todo el que recibe por hijo». ⁷Si soportáis la disciplina, Dios os trata como a hijos; porque ¿qué hijo es aquel a quien el padre no disciplina? ⁸Pero si se os deja sin disciplina, de la cual todos han sido participantes, entonces sois bastardos, no hijos». Hebreos 12.6-8

Cada uno de nosotros debe tener un mentor, un padre, el cual nos corrija y nos discipline, porque somos seres humanos con defectos y debilidades, y un verdadero padre siempre corrige a sus hijos cuando cometen errores. Cada vez que nos equivocamos, necesitamos que alguien que nos ame lo suficiente, nos pueda disciplinar y corregir. Cuando eso ocurre, debemos recibir la corrección.

Algunas personas me dicen: «Pastor, cuando usted vea algo que no esté bien en mí, corríjame». Pero la realidad es que cuando yo los corrijo, no tienen la madurez para recibir la corrección, entonces se molestan, se hieren y se van de la iglesia, y por eso no maduran. Debemos saber que, ser disciplinado y corregido, es una bendición que nos conduce a madurar y a crecer en el Señor.

2. Tome la decisión de hacer cambios.

Hay algunos aspectos importantes acerca de los cambios, y son los siguientes:

Empiece con usted mismo.

> *«³¿Por qué miras la paja que está en el ojo de tu hermano y no echas de ver la viga que está en tu propio ojo?». Mateo 7.3*

a. **No espere que otros cambien.** Empiece con usted mismo y el resto de las personas a su alrededor comenzarán a cambiar. ¿Qué es lo que causa que las personas cambien?

b. **Un cierto grado de incomodidad.** Cuando las personas ya no se sienten cómodas en el lugar donde están, buscan cambios. Por ejemplo, las personas que se sienten incómodas en el nivel en que se encuentran, deciden buscar alimento y crecer.

c. **Cuando las personas sienten dolor.** Las personas son movidas a grandes cambios cuando la situación en que se encuentran les duele, y como resultado, comienzan a cambiar.

d. **Los problemas aumentan cuando las personas no cambian.** Tarde o temprano usted necesita cambiar para que los problemas no sigan creciendo. La madurez espiritual comienza con cada uno de nosotros.

¡Ahora mismo, tome la decisión de crecer y de ir a otro nivel!

3. Otro paso para crecer es la influencia, el ambiente y la asociación.

Permanecer bajo el cuidado o la cobertura de una persona que nos reta continuamente a crecer, es muy importante porque nos influencia a mejorar constantemente. Además, si permanecemos en un ambiente que favorece nuestro desarrollo personal, podemos alcanzar mayor seguridad en nosotros mismos, y aun cuando estemos fuera de nuestro ambiente de comodidad, no nos sentiremos amenazados cuando otros están creciendo.

Asóciese con alguien que tenga mayor éxito y mayor unción que usted, y con alguien que tenga virtudes que usted desearía tener. Si así lo hace, logrará crecer y madurar continuamente.

Asóciese con personas que crecen. No siempre es cómodo vivir, permanecer o compartir con un visionario que siempre está creciendo y que todo el tiempo tiene un proyecto nuevo. Tampoco es fácil estar con alguien que cree en mayores retos y desafíos, alguien que no puede estar quieto, que termina con un proyecto y continúa otro. Algunas personas se van de la iglesia por esa razón, y eso nos indica que son seguidores y no líderes.

Entienda que la madurez y el crecimiento es un proceso y no un evento. Hay dos cosas que necesitamos tener en este proceso:

Motivación: es aquello que nos impulsa a comenzar algo.

Disciplina: es la que nos lleva al lugar que queremos ir, sometiendo nuestra carne, tomando nuestra cruz cada día y negándonos a nosotros mismos.

Usted nunca cambiará su vida hasta que cambie lo que hace diariamente. El secreto de su futuro está en su agenda diaria. Recuerde que usted tiene que empezar motivado y llegar a la meta por medio de la disciplina.

El crecimiento espiritual es una decisión diaria que debemos hacer y no un evento que hacemos de vez en cuando.

Para concluir con los pasos para llegar a la madurez y al crecimiento, debemos entender que el crecimiento no es automático, sino que comienza con nosotros mismos, haciendo cambios y tomando decisiones de calidad. No olvidemos la importancia que hay en permanecer bajo una cobertura que nos influencie a cambiar, y que tenga un ambiente positivo para crecer. Finalmente, asociémonos con hombres y mujeres que nos desafíen a ir a otras dimensiones. Con esto en mente, ahora podemos definir lo que es madurez espiritual.

¿Qué es la madurez espiritual?

«¹²...porque debiendo ser ya maestros, después de tanto tiempo, tenéis necesidad de que se os vuelva a enseñar cuáles son los primeros rudimentos de las palabras de Dios; y habéis llegado a ser tales, que tenéis necesidad de leche y no de alimento sólido. ³Y todo aquel que participa de la leche es inexperto en la palabra de justicia, porque es niño; ¹⁴pero el alimento sólido es para los que han alcanzado *madurez, para los que por el uso tienen los sentidos ejercitados en el discernimiento del bien y del mal».*
Hebreos 5.12-14

Madurez - Es la habilidad de soportar y recibir tanto críticas, rechazos y ofensas, como halagos y admiración de las personas sin que nos afecte; es decir, sin que nos desanime, nos deprima o nos enaltezca. Una persona, un líder o un creyente maduro tiene la habilidad de poder aguantar y recibir críticas y ofensas de los demás sin que esto lo lleve a deprimirse o a desanimarse.

La mayor prueba de madurez de un líder se experimenta cuando es criticado, rechazado y reacciona con bendición hacia aquellos que lo persiguen.

También, podemos decir que madurez es la habilidad de conocer nuestra identidad en Dios, sin sentirnos inseguros u ofendidos porque otros tengan mayor éxito, unción, talento, habilidades y dones, o piensen diferente que nosotros. La madurez es el producto de conocer nuestro propósito o llamado de Dios para nuestra vida y de conocer quiénes somos en Dios.

La madurez consiste en aceptar diferentes opiniones, puntos de vistas, caracteres y personalidades, sin sentirnos ofendidos o inseguros porque alguien tome nuestra posición. La madurez consiste en tener seguridad en el corazón de lo que somos y no de lo que tenemos. Hay líderes que basan su seguridad en la posición, en el trabajo o en el ministerio que desempeñan, y nuestra seguridad debe estar en Dios y en lo que somos en Él.

Algunas personas me han preguntado cómo se puede identificar una persona o un líder que es maduro. Mi respuesta siempre ha sido que un líder maduro es alguien que sabe quién es en Dios y conoce su identidad. Cuando un líder llega a reconocer esto, no tendrá envidia ni celo de otros porque está satisfecho con lo que Dios le ha dado. Un líder maduro es una persona que ha desarrollado el carácter de Jesús.

La verdadera madurez consiste en poder lidiar con la crítica y con los halagos sin que nos afecte.

Tomando como referencia cinco palabras griegas que describen las diferentes etapas de crecimiento en el desarrollo humano de un hijo en lo natural, estudiaremos el proceso de madurez del cristiano, pero aplicado al ámbito espiritual. Esto nos ayudará a identificar en qué nivel de madurez espiritual nos encontramos.

«*Dios no está
buscando habilidad
sino disponibilidad*».

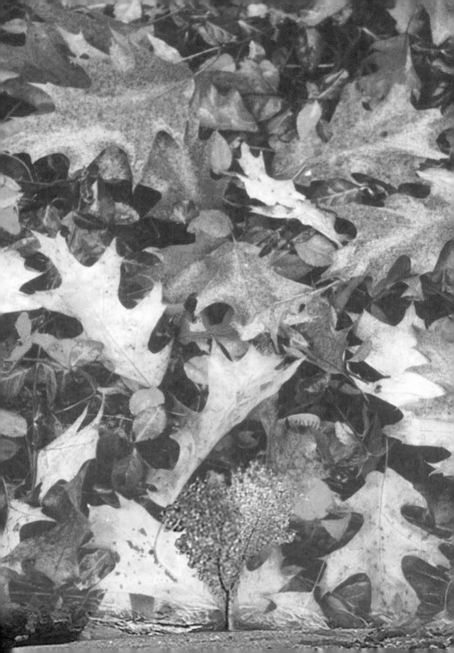

Capítulo II

El Hijo
Nepio

«¹³ Y todo aquel que
participa de la leche es
inexperto en la palabra de
justicia, porque es niño».

Hebreos 5.13

«*14Así ya no seremos niños fluctuantes, llevados por doquiera de todo viento de doctrina, por estratagema de hombres que para engañar emplean con astucia las artimañas del error...» Efesios 4.14*

5. **El nepio no tiene discernimiento espiritual.** Cuando usted ve a un niño de cero a dos años (0-2), se da cuenta que no puede discernir entre el bien y el mal ni entre lo justo y lo injusto; no tiene sentido común porque es un niño. Así mismo sucede en lo espiritual, no puede ver el peligro, y necesitamos ayudarlo a crecer para que no caiga.

6. **Bebe leche y no alimento sólido.** En lo natural, a un niño no se le puede dar alimentos sólidos, tales como: carne, papa, pollo o yuca, a menos que se le corte en pedacitos, porque se atraganta o se ahoga. Así mismo ocurre en el ámbito espiritual, si se le habla muy profundo, no entiende y se atora. Lo más triste es que hay muchas personas que tienen mucho tiempo en el evangelio y todavía tienen la necesidad de recibir leche cuando ya deberían estar recibiendo alimentos sólidos. ¿Por qué ocurre esto? Porque son personas conformistas que no hacen nada por progresar ni por crecer; están contentos con la palabra que reciben y se conforman con ir todos los domingos a beber "la leche vieja" y a estar sentadas en una banca. ¿Se encuentra usted en esta etapa? ¿Es usted movido por las circunstancias? ¿Es uno que siempre está en un círculo vicioso? ¿Se ofende fácilmente? ¿Es demasiado

susceptible a la gente o al dolor? ¿Ha sido engañado o confundido por alguna enseñanza antibíblica? ¿Tiene usted discernimiento espiritual o ha sido engañado varias veces? ¿Tiene usted necesidad de leche? Si usted es honesto y acepta que es un nepio, un niño inmaduro en alguna o todas estas áreas, entonces éste será un paso para trabajar con su crecimiento espiritual.

«[12]Debiendo ser ya maestros después de tanto tiempo, tenéis necesidad de que se os vuelva a enseñar cuáles son los primeros rudimentos de las palabras de Dios; y habéis llegado a ser tales, que tenéis necesidad de leche y no de alimento sólido». Hebreos 5.12

7. **El hijo nepio es celoso y contencioso.** Una señal de una persona inmadura es el celo y la contienda; se enoja cuando ve la prosperidad de otros, es contencioso y, además, pelea por cosas pequeñas.

«[1]De manera que yo, hermanos, no pude hablaros como a espirituales, sino como a carnales, como a niños en Cristo. [2]Os di a beber leche, no alimento sólido». 1 Corintios 3.1

¿Qué podemos hacer para pasar a otra etapa de madurez?

«[11]Cuando yo era niño, hablaba como niño, pensaba como niño, juzgaba como niño; mas cuando ya fui hombre, dejé lo que era de niño». 1 Corintios 13.11

La frase clave es: ***"mas cuando ya fui hombre, dejé lo que era de niño".*** Si deseamos pasar a otra etapa de madurez, la clave está en tomar una decisión de cambiar. Es necesario dejar la malacrianza, la "chupeta", el ofendernos por todo, el círculo vicioso de estar siempre en problemas, en chisme, entre otros.

Mi recomendación es que no le dé autoridad ni responsabilidad a una persona que está en esta etapa de nepio porque la va a usar mal y va a herir a otros.

3. Es de doble ánimo.

*«⁶Pero pida con fe, no dudando nada, porque el que duda es semejante a la onda del mar, que es arrastrada por el viento y echada de una parte a otra. ⁷No piense, pues, quien tal haga, que recibirá cosa alguna del Señor, ⁸ya que es persona de **doble ánimo** e inconstante en todos sus caminos». Santiago 1.6-8*

Una de las características del creyente *"paidion"* es que es inestable emocionalmente. En un momento, tiene mucho gozo, y en otro, está desanimado. En un momento, promete algo y lo cumple, y en otro momento, no cumple. Es una persona que tiene muchas altas y bajas en sus emociones, y como consecuencia, siempre está dando vueltas en círculos. No puede identificar la voz de Dios claramente, por tal razón, no recibe ninguna palabra de Él.

4. No tiene discernimiento espiritual. En esta etapa, el creyente no tiene ningún discernimiento espiritual. No sabe distinguir entre lo bueno y lo malo, lo justo y lo injusto, lo santo y lo no santo, lo puro y lo impuro; es fácilmente engañado, no tiene sus sentidos ejercitados para detectar el bien o el mal.

«¹¹Cuando yo era niño, hablaba como niño, pensaba como niño, juzgaba como niño; pero cuando ya fui hombre, dejé lo que era de niño». 1 Corintios 13.11

5. **Se conforma solamente con conocer los rudimentos de Cristo.** No busca conocer más profundo de la Palabra. Un día quiere ir al cielo, pero vive como puede aquí en la tierra.

«¹²Debiendo ser ya maestros después de tanto tiempo, tenéis necesidad de que se os vuelva a enseñar cuáles son los primeros rudimentos de las palabras de Dios; y habéis llegado a ser tales, que tenéis necesidad de leche y no de alimento sólido. ¹³Y todo aquel que participa de la leche es inexperto en la palabra de justicia, porque es niño. ¹⁴El alimento sólido es para los que han alcanzado madurez, para los que por el uso tienen los sentidos ejercitados en el discernimiento del bien y del mal"». Hebreos 5.12-14

6. **Depende de la unción de otros.** Éste es el tipo de creyente que nunca se independiza porque siempre está dependiendo de las oraciones de otro, de la palabra de ánimo de sus amigos, de los consejos de su pastor, vive de lo que los otros le dan. Dios creó al hombre y a los animales para que funcionaran en tres etapas. Éstas son:

   a. **La etapa de la dependencia:** es cuando el bebé depende de su madre para sobrevivir, porque no puede comer por sí sólo.

   b. **La etapa de la independencia:** es cuando el niño empieza a alimentarse por sí solo, por lo tanto, no depende del alimento de la madre.

c. La etapa de la interdependencia: es cuando el joven aporta para su casa, se reproduce en otros y permanece conectado a la familia.

Reproducirnos en otros, estar conectados a nuestros mentores y no depender de la unción de otros para sobrevivir, es una muestra de la etapa de madurez a la que todo creyente debe llegar.

En esta etapa de madurez, se le puede dar responsabilidad al niño bajo la supervisión de otro. No se le puede dar autoridad porque va a herir a otros.

Aprendamos algunas cosas sobresalientes de esta etapa de madurez.

En la naturaleza adámica, la rebelión empieza a manifestarse, pero queda de nosotros usar la vara de corrección. Es una etapa donde se empieza a despertar la curiosidad de aprender y conocer más de Dios. Es la etapa donde se aprende más que el resto del tiempo, aunque sólo quiera saber los rudimentos de la Palabra. Se le despierta un hambre por las cosas de Dios, y nosotros como mentores, debemos estar listos para contestarle todas las preguntas y corregirlo cuando lo necesite para que pueda alcanzar un nivel de madurez más alto.

En esta etapa, se le enseña a obedecer y a servir. Es importante que sea enseñado e instruido en estas áreas. En la iglesia, se le puede poner a servir como ujier, en la limpieza o en otros oficios. En el hogar, se les puede dar responsabilidades a nuestros hijos, tales como: sacar la basura, lavar los platos, arreglar su cama, entre otros.

No se le puede dar un puesto de autoridad en la iglesia como anciano, ministro, pastor o diácono porque va a herir a otros.

Hay ciertas preguntas que debemos hacernos para poder detectar si estamos en esta etapa. ¿Toma usted decisiones basadas en las circunstancias? ¿Es usted una persona que siempre está en lo mismo? ¿Es usted alguien que se ofende fácilmente? ¿Ha sido engañado fácilmente en un negocio o con una falsa palabra? ¿Es alguien que está envuelto en problemas en la iglesia? ¿Es alguien que depende de las oraciones y del ánimo de otro para seguir?

«Antes de nosotros
dar órdenes y ser líderes
sobre otros, tenemos
que aprender
a ser seguidores y
a seguir órdenes».

Capítulo IV

El Hijo
Teknon

❧

«¹⁴El alimento sólido es
para los que han
alcanzado madurez,
para los que por el uso
tienen los sentidos
ejercitados en el
discernimiento
del bien y del mal».

Hebreos 5.14

¿Qué significa ser un hijo "*teknon*"? Es un adolescente de 13 a 19 años de edad, a quien Dios empieza a usar con sus dones; y como Dios lo usa, cree que está listo para el ministerio.

«¹⁹Hijitos míos, por quienes vuelvo a sufrir dolores de parto, hasta que Cristo sea formado en vosotros...»
Gálatas 4.19

Esta etapa es la más peligrosa porque es la que tiene que ver con la rebeldía, tanto en lo natural como en lo espiritual. En lo natural, son personas que buscan la independencia, creen que lo saben todo, no quieren ninguna responsabilidad ni tampoco quieren dar cuentas, no quieren ser enseñados. Además, empiezan a buscar su propia identidad y quieren que se les trate como adultos.

¿Cuáles son las características de los hijos adolescentes *"teknon"* en lo espiritual?

1. **No se someten y se rebelan cuando son corregidos.** Como es la etapa de la rebeldía, no se someten a la autoridad y siempre están razonando el porqué deben

obedecer. Cuando son corregidos, se ofenden y se van de la iglesia.

2. **Son susceptibles al orgullo.** Como es la etapa donde Dios los empieza a usar con sus dones, ellos piensan que lo saben todo. Algunas veces, creen que pueden predicar mejor que su pastor, y se consideran mejores que su líder. Algunos se lanzan al ministerio, y abren iglesias, pero todavía no están listos. Cuando lo hacen, hieren a las personas y sus ministerios no crecen.

Un ejemplo de un hijo teknon fue el caso de María y Aarón.

«¹María y Aarón hablaron contra Moisés a causa de la mujer cusita que había tomado, pues él había tomado una mujer cusita. ²Decían: ¿Solamente por Moisés ha hablado Jehová? ¿No ha hablado también por nosotros? Y lo oyó Jehová». Números 12.1, 2

Ésa es la misma pregunta que se hacen algunos hijos *"teknon"* hoy día. Ellos tienden a decir: "¿a caso Dios solamente usa al pastor? Dios, también, me puede usar a mí. ¿A caso él sólo puede cantar? Si él puede cantar, yo también puedo cantar". El orgullo toca a su puerta y piensan que porque Dios los usa, son mejores que el pastor o que el líder. Piensan que están listos para dedicarse al ministerio exclusivamente, y es un error. Usan expresiones como éstas: "Si yo fuera el pastor, yo cambiaría esto; yo también puedo profetizar, yo también tengo dones y el Señor está conmigo".

- ¿Su deseo es que las personas lo vean en público o detrás de las escenas?

Capítulo V

El HijoHuio o Telio

❧

«°..hablamos sabiduría
entre los que han
alcanzado madurez
en la fe...»

1 Corintios 2.6

¿Qué significa ser un hijo "*huio* o *telio*"? Es uno que ha alcanzado madurez espiritual y está listo para ponerse en posición. Está listo para que se le confíe autoridad y responsabilidad. Está listo para recibir la herencia del padre.

«*[14] Todos los que son guiados por el Espíritu de Dios, son hijos de Dios, [15] pues no habéis recibido el espíritu de esclavitud para estar otra vez en temor, sino que habéis recibido el Espíritu de adopción, por el cual clamamos: ¡Abba, Padre! [16] El Espíritu mismo da testimonio a nuestro espíritu, de que somos hijos de Dios».* Romanos 8.14-16

Éste es el hijo que ha sido desarrollado y ha llegado a una etapa de madurez, la cual le permitirá ser enviado por el padre y no herirá a las personas.

La adopción bíblica. Hoy día, la adopción es totalmente diferente a la adopción bíblica que se practicaba antes. Por ejemplo, una persona se va a un orfanato, hace los debidos trámites legales y adopta un niño. En la antigüedad, el padre entregaba a su hijo al tutor y éste se encargaba de enseñarle obediencia y servicio. Una vez que el niño era adiestrado en todas las áreas de autoridad, la responsabilidad del tutor era devolverle el hijo al padre cuando cumpliera los 19 años de edad.

¿Qué hacía el padre? Hacía una ceremonia donde le decía: "Hijo, hijo, ya te puedo confiar la administración de los negocios. Te confío autoridad y responsabilidad. Te quito el tutor y te pongo bajo mi cobertura". Al final, le ponía un anillo y lo enviaba, luego de decirle: "Tú eres mi Hijo amado en quien mi alma tiene complacencia". Éstas fueron las palabras del Padre cuando Jesús fue enviado al ministerio.

«²sino que está bajo tutores y administradores hasta el tiempo señalado por el padre». Gálatas 4.2

Así mismo es en lo espiritual. Cuando una persona está lista para ser enviada por el pastor e ir a hacer la obra de Dios, es porque ha sido fiel, leal y probada en la iglesia. Una vez que la persona haya madurado y esté lista para ser enviada como hijo de la casa, entonces, el pastor le impone manos y lo envía con su bendición.

¿Cuál es la diferencia entre ser llamado y ser enviado?

Una cosa es ser llamado por Dios al ministerio o a la obra de Dios y otra cosa es ser enviado por Dios para servirle. Entre ser llamado y ser enviado toma un período de tiempo dentro del cual se desarrolla, se prepara y se equipa a la persona. Algunas veces, esto toma años.

¿Cuál es el proceso de Dios para ser enviados como Huios, hijos maduros?

1. **Dios nos llama.** Él es el único que llama. No es una organización ni es un hombre.

2. **Dios nos prepara.** Hay un proceso de preparación del carácter, la familia y la preparación bíblica en el conocimiento de Dios.

3. **Dios nos separa y nos ordena.** Éste es el momento donde el Señor nos separa del pecado, del mundo y de cosas que nos impiden nuestro crecimiento. Éste es el momento, donde se nos ordena al ministerio en una ceremonia pública.

4. **Dios nos envía.** Esto fue lo que ocurrió en la palabra de Dios con Pablo y Bernabé en el libro de los Hechos cuando Dios los envió. Espere a ser enviado, que el Señor lo respaldará y le suplirá.

   «¹Había entonces en la iglesia que estaba en Antioquía, profetas y maestros: Bernabé, Simón el que se llamaba Níger, Lucio de Cirene, Manaén el que se había criado junto con Herodes el tetrarca, y Saulo. ²Ministrando éstos al Señor y ayunando, dijo el Espíritu Santo: Apartadme a Bernabé y a Saulo para la obra a que los he llamado». Hechos 13.1, 2

Hay muchos creyentes, que se fueron antes de tiempo y no esperaron a ser enviados como hijos, y como resultado, perdieron su herencia tal como le sucedió al hijo pródigo.

El apóstol Pablo fue llamado por Dios, y después de 15 años, fue enviado. Lo mismo ocurrió con Jesús, que le tomó 30 años, y a David, le tomó 15 años. Antes de que Dios envíe a alguien, primero Dios le confirmará el llamado y la cobertura espiritual, y el pueblo también lo hará.

Hay un momento en su vida donde Dios mismo le va a decir: "ahora puedo confiarte mi unción, mi autoridad y mi herencia. Ya no tienes que estar bajo tutores o adiestradores, pues estarás bajo mi supervisión directa; ya te puedo confiar con tu propia casa".

Recordemos que, cuando Dios nos confía algo, no lo determina por nuestras habilidades, dones o talentos, sino por el carácter y el fruto que hayamos desarrollado en nuestro caminar con Él. La mejor forma de Dios enviarlo y llevarlo a ser un hijo, es poniéndolo bajo la autoridad de alguien para que usted le sirva. Por ejemplo, Moisés preparó a Josué, Pablo, a Timoteo y Elías, a Eliseo.

Al servir a Dios, se desarrolla el carácter, y al esperar en Dios, se vencen las adversidades. Al aprender a perdonar a otros y a conocer a Dios íntimamente, se encuentra el fruto.

El tener un llamado y ser usado por Dios, no significa que Dios ya nos confía su autoridad y su responsabilidad. Hay un proceso desde el momento de ser llamado, hasta que se es enviado. Por ejemplo, Josué ganó una batalla cuando Moisés estaba en el monte. También, fue uno de los espías que trajo un buen informe. Sin embargo, el ser un guerrero y tener gran fe, no lo calificó para que en ese momento, se fueran solos a iniciar su propio ministerio. Otro ejemplo fue el caso de David, quien venció a Goliat, y después, fue ungido como rey; sin embargo, aún no estaba preparado para ser líder. Tuvo que esperar 15 años más para llegar al trono como Rey de Israel. Sea paciente y espere que su cobertura le envíe, y usted tendrá el éxito garantizado.

¿Cuáles son las características de un hijo maduro? ¿Cómo usted sabe que una persona es una huio?

1. **Sabe oír la voz de Dios.** Saber oír y obedecer la voz de Dios en todas sus formas; por ejemplo, a través del testimonio interior, de la voz de la conciencia, de la voz del Espíritu Santo, de las Escrituras, de los sueños, entre otros; esto es una señal de madurez espiritual.

«[14]Todos los que son guiados por el Espíritu de Dios, son hijos de Dios, [15]pues no habéis recibido el espíritu de esclavitud para estar otra vez en temor, sino que habéis recibido el Espíritu de adopción, por el cual clamamos: ¡Abba, Padre! [16]El Espíritu mismo da testimonio a nuestro espíritu, de que somos hijos de Dios». Romanos 8.14-16

2. **Está muerto a la alabanza y a la crítica.** Hay algunas personas que les gusta las alabanzas y los halagos de los demás, pero no pueden manejar la crítica. El hijo maduro sabe recibir las alabanzas de otras personas sin que le afecte su corazón con sentimientos de orgullo o vanagloria, sino que sabe darle la gloria a Dios y no la toma para él mismo. De la misma manera, cuando es criticado, no se ofende ni se molesta porque entiende que la crítica es parte de ser un líder exitoso. Cuando describimos a un hijo humilde, una de sus características es que sabe transferir la gloria a Dios, sabe quién es él en Dios y reconoce que todo lo que es y todo lo que tiene proviene de Dios. Por eso, ni la alabanza ni la crítica le afectan.

«³Digo, pues, por la gracia que me es dada, a cada cual que está entre vosotros, que no tenga más alto concepto de sí que el que debe tener, sino que piense de sí con cordura, conforme a la medida de fe que Dios repartió a cada uno». Romanos 12.3

3. **Es maduro y sabio:** La sabiduría es parte del creyente maduro. Es una persona que sabe aplicar el conocimiento que tiene de la Palabra en su vida diaria. También, sabe identificar la verdadera naturaleza de las cosas visibles o invisibles y encuentra soluciones para ellos.

La sabiduría es la mayor virtud de una persona que ha alcanzado madurez.

«⁶Sin embargo, hablamos sabiduría entre los que han alcanzado madurez en la fe; no la sabiduría de este mundo ni de los poderosos de este mundo, que perecen». 1 Corintios 2.6

4. **Lleva mucho fruto:** Una manera simple y sencilla de comprobar la madurez de una persona, es por medio del fruto. Un verdadero creyente es maduro cuando se ve que lleva fruto en su vida personal, en su familia, en su manera de conducirse y en el Reino. El fruto es la evidencia más exacta para identificar una persona madura.

«¹⁵Guardaos de los falsos profetas, que vienen a vosotros vestidos de ovejas, pero por dentro son lobos rapaces. ¹⁶Por sus frutos los conoceréis. ¿Acaso se recogen uvas de los espinos o higos de los abrojos? ¹⁷Así, todo buen árbol da buenos frutos, pero el árbol malo da frutos malos. ¹⁸No puede el buen árbol dar malos frutos, ni el árbol malo dar frutos buenos. ¹⁹Todo árbol que no da buen fruto, es cortado y echado en el fuego. ²⁰Así que por sus frutos los conoceréis». Mateo 7.15-20

5. **Conoce su identidad en Cristo.** Una persona madura conoce quién es él en Dios, conoce su propósito y su llamado, sabe cuál es su posición en Dios y no tiene una baja autoestima, sino que ha llegado a conocer su identidad en Cristo Jesús.

6. **No se ofende fácilmente.** Desafortunadamente, tenemos que estar lidiando con personas inmaduras en esta vida, que se ofenden por cualquier cosa. Por ejemplo, se ofenden porque no las saludan, porque no las toman en cuenta, cuando las corrigen, porque no las llamaron cuando estaban enfermas y cuando piensan que no son amadas. Una señal de una persona madura es que no se ofende fácilmente, y si se siente ofendido, perdona con facilidad.

«²Todos ofendemos muchas veces. Si alguno no ofende de palabra, es una persona perfecta, capaz también de refrenar todo el cuerpo». Santiago 3.2

7. **Es prudente en su manera de pensar.** Una de las maneras para llegar a madurar eficazmente como creyente, es a través de la renovación del entendimiento por medio de la palabra de Dios. Es quitar todo lo viejo y sustituirlo por algo de la palabra de Dios en nuestra mente.

8. **Ha desarrollado el carácter de Cristo.** Cuando hablamos del carácter de Cristo, estamos hablando de amor, paz, paciencia, entre otras virtudes. Una persona madura ha desarrollado todas estas virtudes. El amor es notable en una persona cuando es paciente, bondadosa y está llena de fe.

«²²Mas el fruto del Espíritu es amor, gozo, paz, paciencia, benignidad, bondad, fe, mansedumbre, templanza; contra tales cosas no hay ley». Gálatas 5.22

9. **Se sustenta de alimentos sólidos.** Un hijo maduro ya no se conforma con tomar leche, sino que busca comer alimento sólido de la Palabra. Quiere tocar tópicos más profundos; indaga, busca y se le despierta gran hambre por la Palabra.

«[14]El alimento sólido es para los que han alcanzado madurez, para los que por el uso tienen los sentidos ejercitados en el discernimiento del bien y del mal». Hebreos 5.14

10. **Recibe revelación directa de Dios.** Es aquel al cual Dios le revela su Palabra directamente al corazón. Recibe mensajes directos del corazón del Señor. El hijo maduro ha desarrollado un nivel alto de discernimiento entre lo bueno y lo malo, lo justo y lo injusto. Además, sabe tomar lo bueno y desechar lo malo.

11. **Es pronto para oír y tardo para hablar.** Creo que escuchar es un arte que debemos aprender a desarrollar. También, debemos aprender a conocer cuándo hablar, y esto se logra a través de la sabiduría que Dios da.

12. **Honra siempre a sus líderes espirituales.** Una de las características de un hijo (a) maduro (a) es que honra a sus líderes, a su cabeza, a su pastor y a su padre espiritual. ¿Cómo lo hace?

   a. **Con palabras de afirmación.** El hijo siempre está hablando bien de su líder donde quiera que esté y con quien esté.

b. Financieramente. El hijo es agradecido con su mentor o líder. Si en él se siembra lo espiritual, lo eterno, él debe honrar a su líder con finanzas, ofrendas y con cosas materiales.

c. Dándole cuentas. Se somete a su mentor o autoridad y da cuentas de su vida espiritual, emocional y familiar; también, da cuentas del trabajo que hace para el Señor.

d. El hijo maduro honra a su líder con su servicio. Sirve a su líder continuamente, y lo hace con gozo y alegría, como lo hizo Eliseo con Elías.

Si usted es un líder que quiere ser bendecido y promocionado por el Señor, debe practicar todos estos principios de honra.

13. **Es alguien que es estable emocionalmente; es decir, uno que no es de doble ánimo.** Un creyente maduro es alguien que está en control de sí mismo, de sus pensamientos, de su voluntad y de sus emociones. No es controlado por nada externo, y es alguien con estabilidad emocional. No es alguien que usted ve en un momento alegre y en otro, triste. Tampoco, está demasiado serio o enojado, pues se mantiene estable emocionalmente a pesar de las circunstancias externas.

«⁸Debe ser hospedador, amante de lo bueno, sobrio, justo, santo, dueño de sí mismo...» Tito 1.8

14. Es un hijo maduro, y es alguien que sabe tomar lo bueno y desechar lo malo. Un creyente maduro, cuando escucha a un predicador y hay algo en lo que no está de acuerdo, no lo juzga ni lo critica, sino que toma lo bueno del mensaje y el resto lo desecha. No va después a decirle a otros que no está de acuerdo con lo que el predicador dijo, y la razón por la cual no lo hace, es porque es maduro, y sabe que si comparte su forma de pensar, puede causar división y contienda.

«⁹El amor sea sin fingimiento. Aborreced lo malo y seguid lo bueno». Romanos 12.9

La madurez espiritual de un creyente se mide de acuerdo a la manera de reaccionar y actuar cuando está bajo presión.

Hágase estas preguntas y determine cómo está su madurez espiritual.

¿Cómo usted reacciona cuando no le toman en cuenta para participar en algo? ¿Cómo usted actúa cuando alguien está en desacuerdo con sus ideas o formas de pensar? ¿Cuál es su reacción cuando alguien lo critica? ¿Cuál es su reacción cuando está frente a alguien que tiene más unción y más éxito que usted? ¿Cuál es su reacción cuando alguien lo ha ofendido? ¿Cómo usted actúa cuando alguien lo halaga por sus dones y habilidades? ¿Permanece animado cuando tiene muchos problemas?

Las características mencionadas anteriormente nos ayudan a identificar a un hijo maduro. Si en alguna de ellas usted se encuentra débil, empiece a desarrollarlas. Le animo a que busque y vaya a otro nivel de liderazgo. Algunas preguntas que nos podemos hacer para identificar si somos un hijo maduro son: ¿hemos oído alguna vez la voz de Dios? ¿Preferimos los halagos de las personas o la crítica? ¿Conocemos nuestro llamado o el propósito de Dios para nosotros? ¿Nos ofendemos fácilmente? ¿Oímos primero y hablamos después?

*«La calidad de su
preparación va a
determinar la calidad
de su desempeño
en el futuro».*

Capítulo VII

¿Cómo podemos madurar o crecer espiritualmente?

❧

« ²⁸Y vosotros sois
los que habéis permanecido
conmigo en mis pruebas...»

Lucas 22.28

« ⁷Al que venciere, le daré
a comer del árbol de la
vida...»

Apocalipsis 2.7

i usted no ha tenido una experiencia personal con Jesucristo, ahora mismo donde está, recíbalo como su Salvador personal y obtendrá la salvación de su alma y el perdón de sus pecados. Acompáñeme en esta oración, repita en voz alta.

"Señor Jesucristo: Yo reconozco que soy un pecador, y que mi pecado me separa de ti. Yo me arrepiento de todos mis pecados, y voluntariamente, confieso a Jesús como mi Señor y Salvador, y creo que Él murió por mis pecados. Yo creo, con todo mi corazón, que Dios el Padre lo resucitó de los muertos. Jesús, te pido que entres a mi corazón y cambies mi vida. Renuncio a todo pacto con el enemigo; si yo muero, al abrir mis ojos sé que estaré en tus brazos ¡Amén!"

Si esta oración expresa el deseo sincero de su corazón, observe lo que dice Jesús acerca de la decisión que acaba de tomar:

«⁹Si confiesas con mi boca que Jesús es el Señor, y crees en tu corazón que Dios lo levantó de entre los muertos, será salvo, ¹⁰ porque con el corazón se cree para justicia, pero con la boca se confiesa para salvación». Romanos 10.9, 10

«⁴⁷De cierto, de cierto os digo: El que cree en mí tiene vida eterna». Juan 6.47

Conclusión

Es nuestra oración que el Espíritu Santo le ayude a entender este mensaje y a poner en práctica los conocimientos y sugerencias ofrecidos a lo largo de estas páginas. Si así como en lo natural, nuestros padres esperan un comportamiento acorde con las enseñanzas y la formación que nos han dado, Dios también espera que logremos llegar a la estatura del varón perfecto, Cristo Jesús.

Finalmente, Dios, quien es nuestro padre, nos dice:

«²¹Hijo mío, no se aparten estas cosas de tus ojos: guarda la Ley y el consejo, ²²que serán vida para tu alma y gracia para tu cuello. ²⁶porque Jehová será tu confianza: él evitará que tu pie quede atrapado».

Proverbios 3.21, 22, 26

PREGUNTAS	SÍ = 2	NO = 1
1. Si usted es parte de un ministerio y el grupo del mismo celebra un cumpleaños, pero no lo invitan, ¿se siente mal?		
2. En ocasiones, interpreta situaciones de una forma, y después, se da cuenta que no era lo que había pensado o interpretado.		
3. ¿Disfruta compartir su tiempo libre y fechas especiales (por ejemplo, fiestas de fin de año) con su familia y amigos sin importar que todavía no conozcan al Señor?		
4. ¿Se considera una persona que, a menudo, sabe manejar la crítica?		
5. ¿Se ha invertido en varias personas por un largo período de tiempo, al punto que en su ausencia las cosas funcionan igual o mejor que cuando usted está?		
6. ¿Le gusta visitar varios ministerios para recibir Palabra?		
7. ¿Le gusta traer a colación logros obtenidos en el pasado para darse a conocer ante los demás? (por ejemplo: "en mi país yo era...", "en el pasado yo ganaba...", "yo tenía...")		
8. ¿Participa de conversaciones en las cuales se critica o se juzga a alguien?		
9. ¿Da cuentas a su líder periódicamente?		
10. Si tiene personas bajo su cargo, ¿les ha provisto alimento espiritual de una forma integral? (esto es, en todo lo que es el consejo de Dios, por ejemplo: liberación, oración e intercesión, ayuno, unción, la familia, la doctrina de Cristo, entre otros).		

Continúa próxima página

PREGUNTAS	SÍ = 2	NO = 1
11. ¿Se aburre cuando el tema de una conversación o de una prédica es profunda?		
12. ¿Cree que es suficiente asistir a todos los servicios de la iglesia para su crecimiento espiritual?		
13. Usualmente, ¿se ha visto engañado por una persona, una promoción o por una circunstancia?		
14. Cuando escucha una prédica y llega a su casa, ¿siente el deseo de ampliar el tópico para su conocimiento?		
15. ¿Siente un gran anhelo de adiestrar a otras personas en lo que hace? (Recuerde, es sentir anhelo y no adiestrar para suplir una necesidad).		
16. Cuando ve la prosperidad de una persona en algún área, ¿siente celo o molestia en su corazón?		
17. ¿Continuamente pide la oración de otras personas?		
18. ¿Se le ha pasado por su mente abrir un grupo o una iglesia sin contar con su cobertura?		
19. ¿Tiene sus prioridades en orden? (1. Dios, 2. familia, 3. iglesia, 4. trabajo)		
20. ¿Se le facilita **identificar** y **desarrollar** el potencial de otros para que cumplan la voluntad de Dios en su vida? (para contestar "sí" debe haber desarrollado el potencial en varias personas, mínimo 15).		
21. Cuando sirve en algún ministerio, ¿procura agradar a los demás para sentirse aceptado?		
22. Si usted viene al servicio deseando escuchar la palabra de Dios y surge la necesidad de cubrir a una persona en un ministerio, ¿razonaría el porqué debe obedecer?		

Continúa próxima página

PREGUNTAS	SÍ = 2	NO = 1
23. ¿Le gusta ser afirmado continuamente en lo que hace para seguir trabajando con el mismo ánimo?		
24. ¿Se le hace fácil aceptar la corrección? (o sea, que la acepta en el momento y no la argumenta).		
25. ¿Tiene la capacidad de corregir con sabiduría a las personas que tiene a su cargo? (o sea, que al momento de corregir, toma en cuenta: el nivel de madurez que tiene la persona que es corregida, su trasfondo, las circunstancias y la raíz del problema).		
26. Cuando una persona que recientemente llega a la iglesia y empieza a desempeñar el mismo trabajo que usted hace, pero la promocionan antes que a usted, ¿lo ve injusto?		
27. Cuando ve realizar a otro lo mismo que usted hace, ¿por su mente pasan pensamientos como éstos: "eso no debería hacerse de esa manera", "yo lo haría diferente y mejor"?		
28. Cuando hay que realizar un trabajo, ¿prefiere hacerlo solo?		
29. ¿Sabe oír la voz de Dios al tomar una decisión? (esto es, si usted le pregunta a Dios antes de tomar cualquier decisión y obedece su voluntad).		
30. Para usted, ¿es más importante suplir primero las necesidades de las personas que están bajo su cargo, que sus propias necesidades?		
31. Cuando usted desea conseguir algo, ¿usa el nombre de su líder para obtenerlo?		
32. ¿Ha notado que a veces ha hablado más de la cuenta?		

Continúa próxima página

PREGUNTAS	SÍ = 2	NO = 1
33. ¿Ha observado que la mayoría de las veces pone su confianza en sus habilidades naturales? (por ejemplo, antes de servir, confía en lo que usted puede hacer y no ora para que el Señor le dé la habilidad).		
34. Cuando se le presenta algún problema, ¿sabe aplicar el conocimiento que tiene de la Palabra para dar soluciones?		
35. Cuando lo han traicionado, ¿ha procurado restaurar la relación?; y cuando esto ha sucedido, ¿ha recibido a la persona con el mismo amor?		

Si usted contestó sinceramente las preguntas anteriores, podrá determinar el nivel de madurez espiritual en que se encuentra, o por lo menos, en qué área debe trabajar.

Tenga en cuenta que:

Cuando usted responda "SÍ", significa que esa pregunta tiene un valor de (2) puntos.
Cuando usted responda "NO", significa que esa pregunta tiene un valor de (1) punto.

Pasos a seguir:

1. En la tabla que abajo se presenta, coloque el valor numérico de cada una de sus respuestas de acuerdo al número de la pregunta.
2. Sume los valores de izquierda a derecha para cada fila (A, B, C, D, E)
3. Coloque su puntuación obtenida en la columna de TOTAL.
4. La puntación mayor indica el nivel de madurez en que usted se encuentra.

Si tiene una puntuación alta en dos niveles, esto indica que usted está en la transición de un nivel a otro.

Leyenda: N/P = Número de la pregunta; V/P = Valor de la pregunta

	N/P	V/P	N/P	V/P	N/P	V/P	N/P	V/P	N/P	V/P	N/P	V/P	N/P	V/P	TOTAL	Nivel de Madurez
A	1		6		11		16		21		26		31			NEPIO
B	2		7		12		17		22		27		32			PAIDION
C	3		8		13		18		23		28		33			TEKNON
D	4		9		14		19		24		29		34			HUIO
E	5		10		15		20		25		30		35			PATTER

Bibliografía

Biblia de Estudio Arco Iris. Versión Reina-Valera, Revisión 1960, Texto bíblico copyright© 1960, Sociedades Bíblicas en América Latina, Nashville, Tennessee, ISBN: 1-55819-555-6.

Biblia Plenitud. Versión Reina-Valera, Revisión 1960, ISBN: 089922279X, Editorial Caribe, Miami, Florida.

Diccionario Español a Inglés, Inglés a Español. Editorial Larousse S.A., impreso en Dinamarca, Núm. 81, México, ISBN: 2-03-420200-7, ISBN: 70-607-371-X, 1993.

El Pequeño Larousse Ilustrado. 2002 Spes Editorial, S.L. Barcelona; Ediciones Larousse, S.A. de C.V. México, D.F., ISBN: 970-22-0020-2.

Expanded Edition the Amplified Bible. Zondervan Bible Publishers. ISBN: 0-31095168-2, 1987 – lockman foundation USA.

Reina-Valera 1995 - Edición de Estudio, (Estados Unidos de América: Sociedades Bíblicas Unidas) 1998.

Strong James, LL.D, S.T.D., *Concordancia Strong Exhaustiva de la Biblia*, Editorial Caribe, Inc., Thomas Nelson, Inc., Publishers, Nashville, TN - Miami, FL, EE.UU., 2002. ISBN: 0-89922-382-6.

The New American Standard Version. Zordervan Publishing Company, ISBN: 0310903335, pages 255-266.

The Tormont Webster's Illustrated Encyclopedic Dictionary. ©1990 Tormont Publications. Pages 255-266.

Vine, W.E. *Diccionario Expositivo de las Palabras del Antiguo Testamento y Nuevo Testamento.* Editorial Caribe, Inc./División Thomas Nelson, Inc., Nashville, TN, ISBN: 0-89922-495-4, 1999.

Ward, Lock A. *Nuevo Diccionario de la Biblia.* Editorial Unilit: Miami, Florida, ISBN: 0-7899-0217-6, 1999.

Cómo Ser Libre de la Depresión

Guillermo Maldonado

Usted encontrará en este maravilloso libro, escrito a la luz de las Sagradas Escrituras, un verdadero manual práctico que le enseñará, paso a paso, cómo enfrentarse a la depresión y ser libre de ella para siempre.

ISBN: 1-59272-018-8 | 80 pp.

Fundamentos Bíblicos para el Nuevo Creyente

Guillermo Maldonado

Este libro guiará al nuevo creyente a la experiencia de un nuevo nacimiento, y lo animará a crecer en el Señor.

ISBN: 1-59272-005-6 | 90 pp.

El Perdón

Guillermo Maldonado

No hay persona que pueda escaparse de las ofensas, por lo que en algún momento de su vida, tendrá que enfrentarse con la decisión trascendental de perdonar o guardar una raíz de amargura en su corazón.

ISBN: 1-59272-033-1 | 76 pp.

La Unción Santa

Guillermo Maldonado

El gran éxito que han obtenido algunos líderes cristianos, se debe a que han decidido depender de la unción de Dios. En este libro, el pastor Guillermo Maldonado ofrece varios principios del Reino que harán que la unción de Dios aumente cada día en su vida y así obtenga grandes resultados.

ISBN: 1-59272-003-X
173 pp.

Descubra su Propósito y su Llamado en Dios

Guillermo Maldonado

Mediante este libro, se pretende capacitar al lector para que pueda hacerse "uno" con su llamado; y además, adiestrarlo en el proceso que lleva a un cristiano a posicionarse en el mismo centro de "el llamado" de Dios para su vida.

ISBN: 1-59272-037-4 | 222 pp.

La Familia Feliz

Guillermo Maldonado

Este libro se ha escrito con el propósito primordial de servir de ayuda, no sólo a las familias, sino también a cada persona que tiene en mente establecer una. Estamos seguros que en él, usted encontrará un verdadero tesoro que podrá aplicar en los diferentes ámbitos de su vida familiar.

ISBN: 1-59272-024-2 | 146 pp.

ERJ

La Generación del Vino Nuevo

Guillermo Maldonado

En este libro, usted encontrará pautas que le ayudarán a enrolarse en la generación del Vino Nuevo, que es la generación que Dios está preparando para que, bajo la unción y el poder del Espíritu Santo, conquiste y arrebate lo que el enemigo nos ha robado durante siglos, y podamos aplastar toda obra de maldad.

ISBN: 1-59272-016-1 | 211 pp.

Líderes que Conquistan

Guillermo Maldonado

Es un libro que lo llevará a desafiar lo establecido, a no conformarse, a no dejarse detener por topes o limitaciones; de tal modo, que no sólo cambiará su vida, sino que será de inspiración y motivación para muchos que vendrán detrás de usted buscando cumplir su propio destino en Dios.

ISBN: 1-59272-022-6 | 208 pp.

Evangelismo Sobrenatural

Guillermo Maldonado

Solamente el dos por ciento de los cristianos han guiado una persona a Jesús en toda su vida. Por esa razón, el pastor Guillermo Maldonado, por medio de este libro, presenta a los creyentes el gran reto de hacer un compromiso con Dios de ser ganadores de almas, y cumplir con el mandato de Jesucristo para todo creyente.

ISBN: 1-59272-013-7
132 pp.

ERJ PUBLICACIONES

El Poder de Atar y Desatar

Guillermo Maldonado

Este libro tiene el propósito de transformar su vida espiritual, enfocándonos de forma directa, en el verdadero poder que tenemos en Cristo Jesús. El conocer esta realidad, le hará dueño de una llave del Reino que le permitirá abrir las puertas de todas las promesas de Dios; y al mismo tiempo, podrá deshacer todas las obras del enemigo.

ISBN: 1-59272-074-9
100 pp.

La Oración

Guillermo Maldonado

Por medio de este libro, podrá renovar su interés en la oración; pues éste le aclarará conceptos fundamentales, y le ayudará a iniciar o a mantener una vida de comunión constante con Dios.

No es un libro de fórmulas o pasos para la oración, sino que va más allá, guiándonos al verdadero significado de la oración.

ISBN: 1-59272-011-0
181 pp.

La Doctrina de Cristo

Guillermo Maldonado

Es imprescindible que cada cristiano conozca los principios bíblicos fundamentales, sobre los cuales descansa su creencia en Dios para que sus cimientos sean fuertes.

Este libro suministra enseñanzas prácticas acerca de los fundamentos básicos de la doctrina de Cristo, que traerán revelación a su vida sobre el tipo de vida que un cristiano debe vivir.

ISBN: 1-59272-019-6
136 pp.

ERJ

Cómo Volver al Primer Amor

Guillermo Maldonado

Este libro nos ayudará a reconocer qué es el primer amor con Dios y cómo mantenerlo, para que podamos obtener una relación genuina con nuestro Padre Celestial.

ISBN 1-59272-121-4 | 48 pp.

La Toalla del Servicio

Guillermo Maldonado

El propósito de este libro es que cada creyente conozca la importancia que tiene el servicio en el propósito de Dios para su vida, y que reciba la gran bendición que se adquiere al servir a otros. Aquí encontrará los fundamentos que le ayudarán a hacerlo con excelencia, tanto para Dios como para los que le rodean.

ISBN: 1-59272-100-1 | 76 pp.

El Carácter de un Líder

Guillermo Maldonado

Muchos ministerios han caído debido a la escasez de ministros íntegros y cristalinos en su manera de pensar, actuar y vivir. Han tenido que pagar las duras consecuencias de no haber lidiado a tiempo con los desbalances entre el carácter y el carisma. ¡Dios busca formar su carácter!

Si está dispuesto a que su carácter sea moldeado, este libro fue escrito para usted. ¡Acepte el reto hoy!

ISBN:
1-59272-120-6
64 pp.

Sanidad Interior y Liberación

Guillermo Maldonado

Este libro transformará su vida desde el comienzo hasta el fin. Pues, abrirá sus ojos para que pueda ver las áreas de su vida que el enemigo ha tenido cautivas en prisiones de falta de perdón, abuso, maldiciones generacionales, etcétera. Porque *"conoceréis la verdad y la verdad os hará libres".*

ISBN: 1-59272-002-1
267 pp.

La Liberación: El pan de los hijos

Guillermo Maldonado

- ¿Cómo comenzó el ministerio de la liberación?
- ¿Qué es la autoliberación?
- ¿Qué es la iniquidad?
- ¿Cómo vencer el orgullo y la soberbia?
- ¿Cómo vencer la ira?
- ¿Cómo ser libre del miedo o temor?
- La inmoralidad sexual
- 19 verdades que exponen al mundo místico
- ¿Qué es la baja autoestima?

ISBN: 1-59272-086-2 | 299 pp.

La Inmoralidad Sexual

Guillermo Maldonado

De este tópico, casi no se habla en la iglesia ni en la familia; pero sabemos que hay una necesidad muy grande de que el pueblo de Dios tenga un nuevo despertar y comience a combatir este monstruo escondido que tanto afecta a los hijos de Dios. Este libro ofrece el conocimiento básico y fundamental para tratar con este problema.

ISBN: 1-59272-145-1 | 146 pp.

ERJ

La Madurez Espiritual

Guillermo Maldonado

En esta obra, usted encontrará una nueva perspectiva de lo que significa la madurez espiritual, que lo orientará a identificar su comportamiento como hijo de Dios. Este material lo ayudará no sólo a visualizar los diferentes niveles de madurez que hay, sino también, a descubrir en cuál de ellos se encuentra para hacer los ajustes necesarios para ir a su próximo nivel de madurez.

ISBN: 1-59272-012-9
103 pp.

El Fruto del Espíritu

Guillermo Maldonado

En este libro, usted conocerá cuáles son y cómo se manifiestan los frutos del espíritu. Cada cristiano debe procurar estos frutos para su vida y atesorarlos de una manera especial. Pues, éstos son su testimonio al mundo de lo que Dios ha hecho en su vida, de manera que, cuando el hijo de Dios hable, el reflejo de su Padre acompañe sus palabras y éstas tengan un impacto mayor y más efectivo.

ISBN: 1-59272-184-2 | 170 pp.

Cómo Oír la Voz de Dios

Guillermo Maldonado

¿Desea aprender a oír la voz de Dios? Esta habilidad puede ser desarrollada en usted al aplicar las enseñanzas de este libro; no sólo para conocerlo cada vez más, sino también, para poder fluir en lo sobrenatural.

ISBN: 1-59272-015-3
190 pp.

«Hay un clamor alrededor de la tierra de millones de hombres y mujeres que están clamando...
¡Necesito un Padre!»

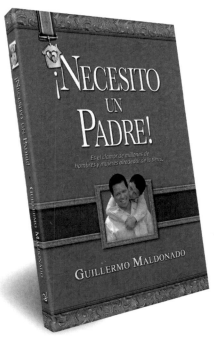

Necesito un Padre

Guillermo Maldonado

Hay muchos hijos espirituales y naturales que están huérfanos y que claman: ¡necesito un padre! Muchos de ellos sin propósito, sin dirección, sin destino, sin saber de dónde vienen ni a dónde van. Este libro le traerá una maravillosa revelación acerca de quién es el Padre Celestial, el padre espiritual y el padre natural; también, le enseñará lo que es un verdadero hijo.

Reciba hoy, a través de este maravilloso libro, la revelación del Espíritu Santo, que lo llevará a conocer a Dios como su Padre Celestial. Aprenda a desarrollar una comunión íntima con Él y a ser un hijo leal y maduro.

ISBN: 1-59272-183-4 | 199 pp.

ERJ

La pregunta que flota, hoy día, en el ambiente cristiano es:
¿Quién es y cómo se reconoce a un verdadero apóstol?
Para revelar esta incógnita, nace este libro,
EL MINISTERIO DEL APÓSTOL

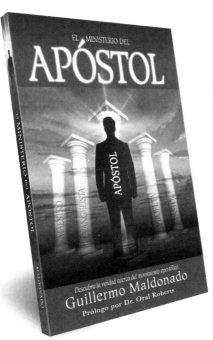

El Ministerio del Apostol
Guillermo Maldonado

A través de las páginas de esta obra, usted será adiestrado para reconocer las marcas, señales y características inherentes a un verdadero apóstol de Dios. Aprenderá sus características, funciones, señales y propósitos; cuál es la mentalidad apostólica, es decir, cómo piensa un verdadero apóstol; cómo es su corazón, cuál es su misión, cuáles son las herramientas que usa para edificar la iglesia, y mucho más.

ISBN: 1-59272-230-X | 180 pp.

ERJ PUBLICACIONES

La pastora Ana Maldonado nació en "La Joya", Santander, Colombia. Proviene de una familia numerosa, y es la octava de 16 hermanos. Actualmente, reside en la ciudad de Miami, Florida, con su esposo, el pastor Guillermo Maldonado, y sus hijos Bryan y Ronald. La pastora es una mujer de oración, usada fuertemente por Dios, en la Intercesión Profética, en la Guerra Espiritual y en el ministerio de Sanidad Interior y Liberación; pues su objetivo es deshacer las obras del enemigo y rescatar al cautivo. Constantemente, emprende retos y desafíos para restaurar familias, suplir las necesidades de niños de escasos recursos y mujeres abusadas, fundando comedores y casas de restauración. También, reta y levanta a los hombres para que tomen el lugar que les corresponde como sacerdotes del hogar y del ministerio. Es co-fundadora del Ministerio Internacional El Rey Jesús, reconocido como el ministerio hispano de mayor crecimiento en los Estados Unidos y de grandes manifestaciones del Espíritu Santo. Este ministerio nació en el año 1996, cuando ella y su esposo decidieron seguir el llamado de Dios en sus vidas. La pastora Ana Maldonado se dedica al estudio de la Palabra desde hace más de 20 años, y posee un Doctorado Honorario en Divinidad de "True Bible College".

De la Oración a la Guerra
por la pastora Ana G. Maldonado

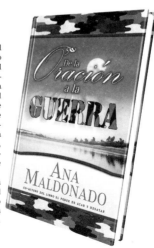

Éste es un libro que está trayendo un alto nivel de confrontación al pueblo cristiano; un pueblo que ha permanecido en la comodidad y el engaño de creer que puede alcanzar las promesas de Dios sin pagar el precio de la oración y la intercesión. El lector se sentirá sacudido por el poderoso testimonio de esta mujer de Dios, que fue de hacer oraciones de súplica a convertirse en un general del ejército del Dios Todopoderoso. El lector se sentirá desafiado por una mujer y una madre que se levanta, día tras día, en oración y guerra espiritual contra el enemigo, para arrebatarle por la fuerza lo que pertenece a los hijos de Dios y a su Reino.

Es hora de que usted renuncie al temor a Satanás y acepte el desafío de usar la autoridad que Jesús le delegó para mantener al diablo bajo sus pies y para conquistar todos los terrenos que Dios ha preparado para su pueblo. ¡Anímese a pasar de la Oración a la Guerra!

ISBN: 1-59272-137-0 | p. 134